DECO ROLL
CAKES

INHALT

VITO CAPEZZUTTO

BACKE, BACKE KUCHEN ...

... das musst du mal versuchen!

Schon unsere Großmütter wussten die Biskuitrolle zu schätzen. Ein dünn gebackener Boden, mit Marmelade bestrichen, rasch hergestellt und sehr beliebt bei Gästen.

Das Auftragen von gebackenen Dekoren macht nun aus der „altmodischen", simplen Biskuit-rolle im Nu eine moderne Deco Roll Cake!

Viel Spaß beim Nachbacken, Verzieren und Verschenken — oder einfach beim Selberessen!

Capezzu V.

KÜCHENHELFER,
GRUNDREZEPTE & TIPPS

KÜCHENHELFER

① BLECHE

Die Rezepte in diesem Buch sind für ein 24 cm x 22 cm
großes Backblech ausgelegt. Auch ein 25 cm x 25 cm großes Blech ist geeignet. Bei größeren Blechen verringert
sich die Backzeit und die Teighöhe nimmt ab. Haben Sie
kein passendes Blech, können Sie auch eine Auflaufform
in passender Größe verwenden.

② SILIKONBACKMATTE & BACKPAPIER

Silikonbackmatte am besten direkt nach dem Backen mit
Küchenpapier abreiben, danach mit etwas Öl einfetten,
damit die Backmatte nicht klebrig wird.
Verwenden Sie Backpapier, fetten Sie es vor der Nutzung
mit Speiseöl ein, da es beim Backen Wellen werfen
kann, sodass das Dekor nach
dem Backen unsauber
erscheint.

③ WAAGE

Wiegen Sie alle Zutaten ab, so stellen Sie sicher, dass
Sie am Ende ein tolles Ergebnis erzielen.

④ MESSBECHER

Er bringt Wasser und Sirup in das richtige Verhältnis.

⑤ MIXER / SCHNEEBESEN

Mit dem elektrischen Handrührgerät lassen sich Eigelb
und Eiweiß einfacher schlagen, mit dem Schneebesen
geht es bei kleinen Mengen jedoch schneller.

⑥ MEHLSIEB

Sieben Sie Mehl und Kakaopulver, bevor sie es unterrühren, so vermeiden Sie Klümpchen!

⑦ SCHÜSSELN

Sie brauchen je eine Schüssel, um das Eiweiß zu Schnee
und das Eigelb cremig zu schlagen und mehrere kleine,
um die Dekorteige bunt zu färben.

⑧ TEIGSCHABER

Er vereint Eigelbmasse
und Eiweißmasse.

⑨ FINGERPALETTE

Damit können Sie den Biskuitteig schön gleichmäßig
verteilen.

⑩ SPRITZBEUTEL

Diese brauchen Sie für das Aufbringen der Dekore. Sie
können Einwegspritzbeutel verwenden oder aus Backpapier eine Spritztüte falten (siehe „Kurz und Knapp").

⑪ TEIGKARTE

Damit können Sie die Masse im Spritzbeutel von der
Öffnung her glatt zur Spitze streichen.

⑫ LEBENSMITTELFARBE / PINSEL

Lebensmittelfarbe gibt es als Pulver, flüssig oder als
Gel. Feine Muster und Linien nach dem Aufrollen mit
Lebensmittelfarbe und Pinsel oder Lebensmittelstiften
auftragen.

BISKUITTEIG

▶ 2 Eier
▶ 22 g Zucker
▶ 17 g Maisstärke
▶ 26 g Mehl, Type 405

01

03

1 Zuerst trennen Sie die Eier. Achten Sie darauf, dass Schüssel und Schneebesen fettfrei sind, da sich das Eiweiß sonst nicht gut aufschlagen lässt. **2** Eiweiße mit 15 Gramm Zucker (1 leicht gehäufter EL) zu Eischnee schlagen. Eigelbe mit 7 Gramm Zucker (1 halber EL) aufschlagen. Wenn Sie für beides dieselben Küchengeräte verwenden möchten, beginnen Sie mit den Eiweißen, damit eventuelle Eigelbrückstände in der Schüssel nicht den Eischnee beeinträchtigen. **3** Eischnee mit einem Teigschaber zügig, aber mit ruhigen Bewegungen unter das Eigelb heben. So verhindern Sie, dass Sie die Luft aus dem Teig herausschlagen.

04

05

TIPP Für ein 30 x 30 cm großes Blech: 3 Eier, 33 g Zucker, 26 g Maisstärke, 40 g Mehl

4 17 Gramm Maisstärke und 26 Gramm Mehl abwiegen und auf die Ei-Masse sieben. Das Sieben verhindert, dass sich Klümpchen bilden. Mehl und Stärke werden so außerdem gut miteinander vermischt. **5** Mehl und Stärke zügig, aber in gleichmäßigen Bewegungen mit dem Teigschaber unterheben, damit die Luft nicht aus dem Teig herausgeschlagen wird. Die Luft, die durch das Aufschlagen der Eier in den Teig gelangt, sorgt dafür, dass der Kuchen später im Ofen aufgeht. So erübrigt sich die Zugabe von Backpulver oder anderen Treibmitteln.

TEIG ODER MASSE?

Fachlich korrekt sind Biskuit- und Dekorteig keine Teige, sondern Massen. Teige und Massen unterscheiden sich im Eier-Anteil, der Konsistenz und der Lockerungsart. Als Faustregel gilt: Ein Teig wird geknetet, eine Masse gerührt. Der Einfachheit halber sprechen wir in diesem Buch von Teigen.

DEKORTEIG

Mit diesem Dekorteig, der je nach Rezept und Wunsch eingefärbt werden kann, werden die Muster für die Deko Roll Cakes erstellt.

ZUTATEN

- ▶ 1 Ei, Größe L
- ▶ 50 g Zucker
- ▶ 50 g Mehl, Type 405
- ▶ 50 g Butter

1 Die Butter bei niedriger Temperatur schmelzen. Darauf achten, dass die Butter nicht zu heiß wird, da sonst die Molke verbrennt, die Butter ihr Aroma verändert und braune Stückchen darin schwimmen. **2** Währenddessen Eier trennen. Das Eigelb wird für den Dekorteig nicht benötigt und kann anderweitig verwendet werden. **3** Nacheinander 50 g Zucker und 50 g Mehl zum Eiweiß hinzufügen.

TIPP Frieren Sie überflüssiges Ei in einer Eiswürfelform ein. Sobald es durchgefroren ist, (etwa eine Nacht) können Sie die Eierwürfel in eine Gefrierbox oder einen Gefrierbeutel füllen und platzsparend im Tiefkühler aufbewahren. So haben Sie jederzeit kleine Ei-Mengen zur Verfügung.

4 Alles mit einem Schneebesen zu einer gleichmäßigen Masse verrühren. **5** Die flüssige Butter zügig unterrühren, sodass ein zäher, glatter Teig entsteht.

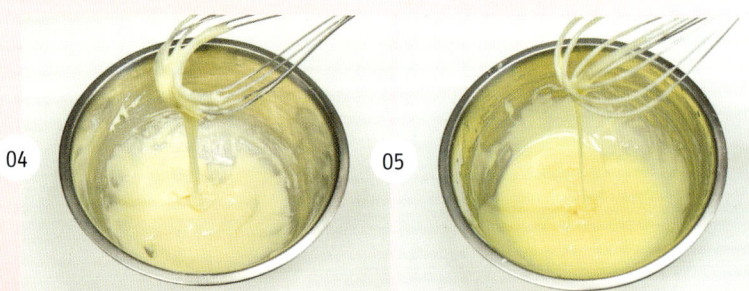

LEBENSMITTELFARBE

Lebensmittelfarbe gibt es als Pulver, flüssig oder als Gel. Sie bekommen Sie in gut sortierten Supermärkten oder aber im Internet. In der Regel sind die Grundfarben Grün, Blau, Rot und Gelb ausreichend. Am besten eignen sich fettlösliche Lebensmittelfarben als Gel. Farben auf Wasserbasis können den Teig schnell verwässern, der Teig wird flüssiger und die Farben sind weniger intensiv.

SIRUP

 SIEHE **SPICKZETTEL**

Der Sirup gibt dem Biskuitkuchen nicht nur ein runderes Aroma, er sorgt auch dafür, dass der Kuchen nicht zu trocken wird. Der Kuchen wird elastischer und die Rolle reißt nicht so schnell. Außerdem verfeinert der Sirup den Geschmack der Rolle.

ZUTATEN

► 200 g Zucker

► 200 ml Wasser

► 50 ml Apfelsaft oder Orangensaft

► ggf. ca. 4 cl Likör, z.B. Rum, Amaretto, Kirschlikör etc.

Das Sirup-Rezept reicht für mehrere Rollen. Einmal gekocht, hält sich der Sirup in einem Glas mit Deckel oder in einer Flasche durch den hohen Zuckergehalt mehrere Monate im Kühlschrank.

1 Zunächst alle Zutaten zusammen aufkochen lassen. **2** Dann kurz sprudelnd kochen, abkühlen lassen, fertig.

MASCARPONE-FÜLLUNG

Erst die Füllung macht den Biskuit zur Cake Roll. Sie formt den Kuchen zur Rolle und gibt ihm Geschmack.

Ob mit Marmelade, steif geschlagener Sahne, Frischkäse, Quark, Vanillepudding, Schokoladenmousse oder wie hier beschrieben mit Mascarpone, füllen Sie die Kuchenrollen ganz nach Ihrem Geschmack.

Sie können die Rollen nur mit Creme füllen oder mit frischen Beeren und Obst noch mehr Farbe und Geschmack ins Spiel bringen.

ZUTATEN

► 250 g Mascarpone
► 50 ml flüssige Sahne
► 2 EL Zucker

01   02   03

1 Mascarpone, Zucker und Sahne mit einem Schneebesen zu einer glatten Creme verrühren und nach Belieben aromatisieren. **2** Die Grundcreme z.B. mit Marmelade, Fruchtkompott, eingelegten Beeren, frischem, klein geschnittenem Obst oder Likör verfeinern. **3** Für eine Schokoladencreme zu der Grundcreme 1–2 EL Kakaopulver hinzufügen. Dieses am besten vorher sieben, so vermeiden Sie Klümpchen.

04   05   06

4 Frisches Vanillemark verleiht der Creme eine ganz besondere Note. Die ausgekratzten Schoten am besten in eine Dose oder ein Glas mit Zucker legen, der Zucker nimmt den Geschmack auf und kann nach ein paar Tagen als Vanillezucker verwendet werden. **5** Eine winterliche Note bekommt die Grundcreme, wenn Sie etwas Lebkuchengewürz, Rumrosinen, Mandeln, Zitronat, Orangeat oder etwas Kakaopulver hinzufügen. **6** An heißen Sommertagen schmecken 1–2 EL Joghurt in der Grundcreme besonders lecker. Fügen Sie noch Orangen-, Zitronen-, oder Limettensaft hinzu. Etwas geriebener frischer Ingwer und ein paar getrocknete Chiliflocken runden das Ganze ab.

SCHRITT FÜR SCHRITT ZUM DECO ROLL CAKE

1 Bereiten Sie den Grunddekor-teig nach Rezeptangabe (siehe Seite 8) vor.

2 Je nach Rezeptangabe Teile des Grundteiges mit Lebensmittelfarbe oder Kakaopulver einfärben.

3 Dekorteig in Spritzbeutel füllen. Stellen Sie die Beutel am besten in leere Gläser, so lassen sie sich leichter füllen.

4 Legen Sie die Vorlage auf das Backblech und darüber die Silikonbackmatte. Das Muster scheint nun durch.

5 Bringen Sie nun die Muster mit den entsprechenden Teigen der Vorlage nach auf. Hier werden zunächst Augen mit dem Grunddekorteig aufgezeichnet, dann folgen Schnäbel aus gelbem und Eulenkörper aus dunklem Teig. Um Farb-verläufe und Schlieren zu vermeiden, Backblech mit Teig nach jeder Farbe für ca. 15 Minuten einfrieren. Das Einfrieren verhindert, dass sich die Teige miteinander vermischen. **6** Backofen auf 180 °C vorheizen. Das Blech mit dem Dekorteig 3 Minuten auf der mittleren Schiene backen.

7 In der Zwischenzeit den Biskuitteig zubereiten (siehe Seite 7). **8** Die Masse mit der Fingerpalette auf das fertig gebackene Muster streichen. Den Teig möglichst gleichmäßig auf dem Blech verteilen. **9** Vor dem Backen mit der Handfläche mehrmals von unten an den Boden des Backblechs klopfen, um Luftbläschen, die sich sonst am Dekor bilden könnten, zu entfernen.

10 Das Ganze bei 180 °C 10 Minuten gebacken. Je nach Ofen können Temperatur und Zeit leicht variieren.

11 Nach dem Backen den Kuchen ca. 5 Minuten auskühlen lassen, dann mit einem Messer vom Rand des Backblechs lösen und auf ein Stück Backpapier stürzen.

12 Backmatte und Vorlagenschablone vorsichtig entfernen. **13** Den noch lauwarmen Kuchen mit einem langen, scharfen Messer zurechtschneiden und mit einem zweiten Stück Backpapier bedecken. **14** Die Kuchenplatte mit dem Dekor nach unten vorsichtig und langsam einrollen. 15 Minuten auskühlen lassen. Durch das Einrollen im lauwarmen Zustand bekommt der Kuchen die Möglichkeit, sich an seine spätere Form zu gewöhnen.

15 Kuchen wieder ausrollen. Jetzt den Sirup vorsichtig auf die Innenseite des Kuchens streichen. So bekommt der Kuchen Geschmack und Elastizität, reißt nicht so leicht und trocknet weniger schnell aus.

16 Die Creme (siehe Seite 10) vorsichtig und gleichmäßig auf die Kuchenplatte streichen, dabei die Ränder frei lassen, da sich die Füllung beim Einrollen noch etwas verteilt.   **17** Nach Geschmack mit Früchten und Obst belegen. **18** Mit Hilfe des Backpapiers einrollen.

19 Die fertige Deco Roll Cake im Kühlschrank ein paar Minuten ruhen lassen, auspacken.   **20** Ggf. die Deco Roll Cake noch weiter verzieren. Hier werden die Pupillen der Eulen mit Lebensmittelfarbe und Pinsel aufgebracht.

TIPPS UND TRICKS

SCHRIFT

Achtung, Schrift immer spiegelverkehrt backen!

DER TEIG HAT NACH DEM BACKEN VIELE UNEBENHEITEN UND LÖCHER.

Wenn die Eiweißmasse nicht richtig untergehoben wurde, entstehen beim Backen Löcher und Dellen durch Lufteinschlüsse.
Klopfen Sie mit der flachen Hand von unten gegen das Backblech, bevor Sie es in den Ofen schieben. So kann die überschüssige Luft aus dem Teig entweichen.

MEINE MUSTER SIND VERSCHMIERT UND VERLAUFEN.

Der Dekorteig wurde nicht lange genug gebacken. Bevor Sie den Biskuitteig auf das Backblech geben, müssen die Dekore fest sein. Die Backzeit variiert je nach Ofen leicht, da jeder Ofen anders heizt.

DER KUCHEN BRICHT BEIM ROLLEN.

Lassen Sie den Kuchen beim Auskühlen nicht austrocknen! Bedecken Sie ihn immer mit einem Stück lose aufgelegtem Backpapier. Wird der Kuchen zu kalt, verliert er an Elastizität und bröselt bzw. bricht. Rollen Sie am besten bei Handwärme.

MEIN KUCHEN IST NACH DEM BACKEN SEHR DUNKEL.

Jeder Ofen heizt anders. Die Temperatur- und Garzeit-angaben sind nur Richtwerte. Reduzieren Sie die Temperatur auf 160 °C und gegebenenfalls auch die Zeit.

DIE KUCHENPLATTE LÄSST SICH NICHT RICHTIG ROLLEN.

Bestreichen Sie den Teig immer erst mit der Füllung, wenn er ausgekühlt ist. Ist er noch zu warm, verläuft die Creme und ein sauberes Aufrollen ist nicht mehr möglich. Schlagen Sie Sahne immer steif genug. Je fester die Füllung ist, desto einfacher und schöner lässt sich eine Rolle formen. Daher empfehlen wir die hier angegebene feste Mascaponefüllung.

MEINE MUSTER UND ORNAMENTE HABEN FALTEN.

Haben Sie Backpapier verwendet? Wenn, dann sollten Sie es vor dem Benutzen mit Speiseöl einfetten. Backpapier kann sich im Ofen etwas zusammenziehen, nimmt Feuchtigkeit auf und zerknittert dann beim Backen.

Entfernen sie das Backpapier ca. 5 Minuten, nachdem Sie den Kuchen aus dem Ofen geholt haben.
Wenn Sie es nicht entfernen, entsteht durch die Hitze Kondenswasser, dadurch wirft das Backpapier Falten, die den Teig verformen.

MUSS ICH ALKOHOL FÜR DEN SIRUP VERWENDEN?

Sie können den Alkohol auch durch Wasser oder Fruchtsaft ersetzen. Falls Sie Saft verwenden, reduzieren Sie gegebenenfalls, je nach Geschmack, den Zuckeranteil im Sirup.

BUNT & VERSPIELT

KUCHEN-KRÖNUNG
für besondere Momente

ZUTATEN

BISKUIT-GRUNDTEIG
▶ siehe Seite 7

DEKOR-GRUNDTEIG
▶ siehe Seite 8
▶ zzgl. 1 Msp. Lebensmittelfarbe in Rot

SIRUP
▶ siehe Seite 9
▶ zzgl. 1 EL Rum

FÜLLUNG
▶ siehe Seite 10
▶ zzgl. 2 EL Zucker
▶ zzgl. 2 EL Erdbeermarmelade
▶ zzgl. 3 große Erdbeeren, je 1 Schale Himbeeren und Brombeeren

VORLAGE KRÖNCHEN

1 Dekor-Grundteig zubereiten (siehe Seite 8), mit roter Lebensmittelfarbe einfärben und in einen Spritzbeutel füllen.

2 Die Krönchen-Vorlage auf das Backblech und darüber die Backmatte legen. Die Krönchen mit dem vorbereiteten Dekorteig nachzeichnen und ausfüllen. Das Backblech dann 3 Minuten bei 180 °C auf der mittleren Schiene im vorgeheizten Backofen backen.

3 Den Biskuitteig vorbereiten (siehe Seite 7) und gleichmäßig auf den Krönchen verteilen. Mit der flachen Hand von unten gegen das Blech schlagen, um Luftblasen am Dekor zu vermeiden. Den Kuchen bei 180 °C ca. 10 Minuten backen.

4 Nach dem Backen den Kuchen 5 Minuten auskühlen lassen, auf ein Backpapier stürzen und vorsichtig von der Backmatte ziehen. Die Ränder mit einem scharfen Messer abschneiden.

5 Den Kuchen mit einem zweiten Blatt Backpapier bedecken und mit der Motivseite nach unten einrollen. Die Rolle weitere 15 Minuten bei Zimmertemperatur abkühlen lassen und in der Zwischenzeit Sirup und Füllung zubereiten und das Obst klein schneiden (siehe Seite 9/10).

6 Kuchen ausrollen und die Innenseite des Kuchens vorsichtig mit dem Sirup bestreichen. Die Creme gleichmäßig auf die Kuchenplatte streichen, dabei die Ränder frei lassen.

7 Die Kuchenplatte mit Früchten belegen und mithilfe des Backpapiers einrollen. Den fertigen Deco Roll Cake im Kühlschrank ca. 10 Minuten ruhen lassen.

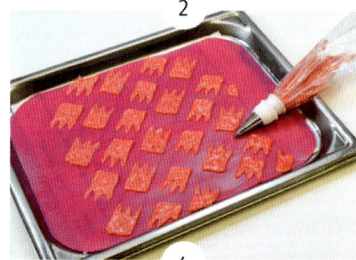

BLÜMCHEN-ROLLE

Kuchen mit zarter Blumenwiese

ZUTATEN

BISKUIT-GRUNDTEIG
► siehe Seite 7

DEKOR-GRUNDTEIG
► siehe Seite 8
► zzgl. je 1 Msp. Lebensmittelfarbe in Blau, Rot, Gelb und Grün

SIRUP
► siehe Seite 9
► zzgl. 2 EL Orangenlikör

FÜLLUNG
► siehe Seite 10
► zzgl. 1 TL Rosenwasser
► zzgl. 1 Schale Himbeeren, 3 große Erdbeeren

VORLAGE BLÜMCHEN

1 Den Dekorteig zubereiten (siehe Seite 8), gleichmäßig auf 5 Schüsseln verteilen und mit roter, blauer, grüner und gelber Lebensmittelfarbe einfärben. Teige in Spritzbeutel füllen.

2 Vorlage auf das Backblech und darauf die Backmatte legen. Um unschöne Farbverläufe zu vermeiden, Backblech nach dem Aufspritzen jeder Farbe für ca. 15 Minuten einfrieren. Zuerst die Blütenmitten in Gelb auftragen.

3 Danach Blume für Blume die Blütenblätter aufbringen. Blätter nicht zu dicht aneinander setzen, da der Teig beim Backen noch etwas verläuft. Blüten für 3 Minuten bei 180 °C auf der mittleren Schiene im vorgeheizten Backofen backen.

4 Biskuit zubereiten (siehe Seite 7) und den Teig gleichmäßig auf den vorgebackenen Blüten verteilen. Mit der flachen Hand gegen den Blechboden klopfen, um Luftblasen am Dekor zu vermeiden. Kuchen 10 Minuten bei 180 °C im Ofen backen.

5 Den Kuchen ca. 5 Minuten auskühlen lassen, mit einem Messer vom Rand des Backblechs lösen und auf ein Stück Backpapier stürzen. Backmatte und Vorlage vorsichtig entfernen. Den lauwarmen Kuchen mit einem scharfen Messer zurechtschneiden und mit einem zweiten Stück Backpapier bedecken.

6 Mit dem Dekor nach unten vorsichtig und langsam einrollen. Weitere 15 Minuten auskühlen lassen. Dann den Kuchen wieder ausrollen und den Sirup (siehe Seite 9) auf die Innenseite des Kuchens geben.

7 Die Creme (siehe Seite 10) gleichmäßig auf die Kuchenplatte streichen, dabei die Ränder frei lassen, da sich die Füllung beim Einrollen noch etwas verteilt, und mithilfe des Backpapiers einrollen. Die fertige Rolle im Kühlschrank ca. 10 Minuten ruhen lassen.

WEISST DU WIEVIEL STERNLEIN ...

...auf dem Kuchen stehen?

ZUTATEN

BISKUIT-GRUNDTEIG

▶ siehe Seite 7

DEKOR-GRUNDTEIG

▶ siehe Seite 8

▶ zzgl. 2 Msp. Lebensmittelfarbe in Gelb

SIRUP

▶ siehe Seite 9

FÜLLUNG

▶ siehe Seite 10

▶ zzgl. 2 EL Kakaopulver

▶ zzgl. 2 cl Schokoladenlikör

▶ zzgl. 1 kleine Ananas

VORLAGE STERNE

1 Den Dekorteig mit 2 Msp. gelber Lebensmittelfarbe kräftig einfärben und in einen Spritzbeutel füllen.

2 Die Vorlage unter eine Backmatte auf ein geeignetes Backblech legen und die Sterne mit dem vorbereiteten Dekorteig nachzeichnen und ausfüllen. Backofen 180 °C vorheizen und die Sterne 3 Minuten auf der mittleren Schiene backen.

3 Biskuit zubereiten (siehe Seite 7) und anstelle der 26 g Mehl nur 20 g Mehl hinzufügen. Den Teig mit 6 g Kakaopulver dunkel einfärben.

4 Biskuit nun gleichmäßig auf den vorgebackenen Sternen verteilen. Vorsichtig gegen den Blechboden klopfen, um Luftblasen zu vermeiden. Kuchen bei 180 °C 10 Minuten backen.

5 Kuchen 5 Minuten auskühlen lassen, anschließend mit einem Messer aus dem Blech lösen und auf ein Stück Backpapier stürzen. Schablone und Silikonmatte vorsichtig entfer-

nen. Mit einem langen, scharfen Messer den Kuchen zurechtschneiden und mit Backpapier bedecken.

6 Mit dem Dekor nach unten locker aufrollen und weitere für 15 Minuten auskühlen lassen. Dann den Kuchen wieder ausrollen und den Sirup (siehe Seite 9) auf die Innenseite des Kuchens streichen.

7 Die Creme zubereiten (siehe Seite 10) und gleichmäßig auf der Kuchenplatte verteilen.

8 Kleine Ananasstücke zuschneiden. Dazu Boden und Deckel der Frucht entfernen und von oben nach unten mit einem Messer die Schale wegschneiden.

9 Kuchen mit den Fruchtstücken belegen und erneut aufrollen. Die fertige Kuchenrolle im Kühlschrank ca. 15 Minuten ruhen lassen.

5

8

9

TIPP · Ob die Ananas reif ist, erkennen Sie daran, dass sich die Blätter leicht herausziehen lassen. Je schwerer es geht, desto härter und saurer ist die Ananas.

KUCHEN-AUFMERKSAMKEIT
zum Verschenken

ZUTATEN

BISKUIT-GRUNDTEIG
- ▶ siehe Seite 7

DEKOR-GRUNDTEIG
- ▶ siehe Seite 8
- ▶ je 1 Msp. Lebensmittelfarbe in Rot und Schwarz

SIRUP
- ▶ siehe Seite 9
- ▶ zzgl. 2 cl Erdbeerlikör

FÜLLUNG
- ▶ siehe Seite 10
- ▶ zzgl. 2 EL Erdbeermarmelade
- ▶ zzgl. 5–6 schöne Erdbeeren

VORLAGE SCHLEIFE

1 Dekor-Grundteig zubereiten. 3 EL des Grunddekorteigs mit Lebensmittelfarbe schwarz, 3 EL dunkelrot und den Rest hellrot einfärben.

2 Die Vorlage auf ein geeignetes Backblech und darüber die Backmatte legen. Die Schleife mit dem Dekorteig nachzeichnen. Mit den schwarzen Konturen beginnen und danach mit den Rottönen ausmalen. Um scharfe Konturen zu erzielen und unsaubere Farbverläufe zu vermeiden, Backblech nach jeder Farbe für 15 Minuten einfrieren.

3 Die Schleife im vorgeheizten Backofen bei 180 °C für 3 Minuten auf der mittleren Schiene backen.

4 In der Zwischenzeit den Biskuit zubereiten (siehe Seite 7) und gleichmäßig auf dem Backblech verteilen. Dann das Ganze bei 180 °C weitere 10 weitere Minuten im Ofen backen.

5 Kuchen ca. 5 Minuten auskühlen lassen, mit einem Messer vom Backblech lösen und auf ein Stück Backpapier stürzen. Backmatte und Vorlage entfernen. Den lauwarmen Kuchen zurechtschneiden und mit einem weiteren Stück Backpapier bedecken.

6 Mit dem Dekor nach unten vorsichtig einrollen und weitere 15 Minuten auskühlen lassen. Anschließend den Kuchen ausrollen und mit Sirup (siehe Seite 9) bestreichen.

7 Die Creme zubereiten (siehe Seite 10), auf dem Biskuit verteilen und den Kuchen dann mit Erdbeeren belegen. Den Kuchen erneut aufrollen. Den fertigen Deco Roll Cake ca. 15 Minuten im Kühlschrank ruhen lassen.

BUNTE BALLONS
für Sommerträume

ZUTATEN

BISKUIT-GRUNDTEIG
▶ siehe Seite 7

DEKOR-GRUNDTEIG
▶ siehe Seite 8
▶ zzgl. 1 Msp. Lebensmittelfarbe in Blau

DEKOR
▶ je 1 Msp. Lebensmittelfarbe in Rot und Schwarz

SIRUP
▶ siehe Seite 9
▶ zzgl. 2cl Orangenlikör

FÜLLUNG
▶ siehe Seite 10
▶ zzgl. 2 EL Heidelbeermarmelade
▶ zzgl. 1 Schale Heidelbeeren

VORLAGEN BALLONS

1 Grund-Dekorteig zubereiten (siehe Seite 8). Zwei Drittel des Teiges mit Lebensmittelfarbe Rot, ein Drittel Schwarz einfärben.

2 Den Ofen auf 180 °C vorheizen. Vorlage auf ein geeignetes Backblech und darüber die Silikonmatte legen. Dekorteig in Spritzbeutel füllen und die Luftballons in Rot, die Schnüre in Schwarz nachzeichnen. Um Farbverläufe und Schlieren zu vermeiden, Backblech mit Teig nach jeder Farbe für ca. 15 Minuten einfrieren.

3 Das Ganze für 3 Minuten auf der mittleren Schiene bei 180 °C backen.

4 Währenddessen den Biskuit herstellen (siehe Seite 7). In die Eigelb-Zucker-Mischung eine Messerspitze blaue Lebensmittelfarbe geben.

5 Den Teig nun gleichmäßig auf dem vorgebackenen Muster verteilen. Mit der flachen Hand gegen den Blechboden klopfen, um Luftblasen zu vermeiden. Kuchen 10 Minuten bei 180 °C im Backofen backen.

6 Den Kuchen ca. 5 Minuten auskühlen lassen, mit einem Messer vom Rand des Backblechs lösen und auf ein Stück Backpapier stürzen. Backmatte und Vorlage vorsichtig entfernen. Den lauwarmen Kuchen mit einem scharfen Messer zurechtschneiden und mit einem zweiten Stück Backpapier bedecken.

7 Mit dem Dekor nach unten vorsichtig und langsam einrollen. Weitere 15 Minuten auskühlen lassen. Dann den Kuchen wieder ausrollen und den Sirup (siehe Seite 9) auf die Innenseite des Kuchens geben.

8 Die Creme (siehe Seite 10) gleichmäßig auf die Kuchenplatte streichen. Mit Heidelbeeren füllen und erneut aufrollen. Den fertigen Deco Roll Cake im Kühlschrank ca. 15 Minuten ruhen lassen.

4

5

6

8

GLÜCKSKUCHEN
süße Botschaft

ZUTATEN

BISKUIT-GRUNDTEIG
► siehe Seite 7

DEKOR-GRUNDTEIG
► siehe Seite 8
► zzgl. 3 Msp. Lebensmittelfarbe in Grün

SIRUP
► siehe Seite 9
► zzgl. 2 cl Minzlikör

FÜLLUNG
► siehe Seite 10
► zzgl. 1 EL Minzsirup
► zzgl. 2 Kiwis
► zzgl. 4–5 Minzblätter

1 Den Dekorteig nach Anleitung (siehe Seite 8) zubereiten und mit 3 Msp. grüner Lebensmittelfarbe kräftig einfärben.

2 Backblech mit Vorlage und Backmatte belegen und mit dem in einen Spritzbeutel gefüllten Dekorteig die Kleeblätter nachzeichnen. Das Blech für 3 Minuten im vorgeheizten Backofen bei 180 °C auf der mittleren Schiene backen.

3 Den Grundbiskuit zubereiten (siehe Seite 7) und das Eigelb-Zucker-Gemisch mit 1 Msp. Lebensmittelfarbe leicht grün einfärben.

4 Kuchen ca. 5 Minuten auskühlen lassen, mit einem Messer vom Backblech lösen und auf ein Stück Backpapier stürzen. Backmatte und Vorlage entfernen. Den lauwarmen Kuchen zurechtschneiden und mit einem weiteren Stück Backpapier bedecken.

5 Mit dem Dekor nach unten vorsichtig einrollen. Weitere 15 Minuten auskühlen lassen. Kuchen dann wieder ausrollen und den Sirup auf die Innenseite des Kuchens geben (siehe Seite 9).

6 Füllung zubereiten (siehe Seite 10) und mit einer Palette auf der Kuchenplatte verteilen. Mit Kiwistückchen und frischen Minzblättern belegen und erneut aufrollen. Die fertige Rolle für etwa 15 Minuten im Kühlschrank ruhen lassen.

FRECHE FRÜCHTCHEN

Sommerkuchen für gute Laune

ZUTATEN

BISKUIT-GRUNDTEIG

► siehe Seite 7

DEKOR-GRUNDTEIG

► siehe Seite 8
► je 1 Msp. Lebensmittelfarbe in Grün und Rot

SIRUP

► siehe Seite 9
► zzgl. 2 cl Kirschwasser

FÜLLUNG

► siehe Seite 10
► zzgl. 2 EL Kirschkonfitüre
► zzgl. 4–5 EL Kirschkompott oder eine Hand voll entsteinte Kirschen

VORLAGE KIRSCHEN

1 Den Dekorteig zubereiten (siehe Seite 8). Eine Hälfte mit Lebensmittelfarbe grün, die andere Hälfte rot einfärben.

2 Vorlage auf ein geeignetes Backblech und darauf die Backmatte legen. Nun das Kirschenmuster mit dem Dekorteig nachzeichnen. Um unschöne Farbverläufe zu vermeiden, Backblech nach dem Aufspritzen jeder Farbe für ca. 15 Minuten einfrieren. Das fertige Dekor für 3 Minuten bei 180 °C im vorgeheizten Backofen backen.

3 Biskuit zubereiten (siehe Seite 7) und den Teig vorsichtig auf den Kirschen verteilen. Von unten gegen das Blech klopfen, um Luftblasen zu vermeiden. Kuchen 10 Minuten bei 180 °C auf der mittleren Schiene im Ofen backen.

4 Kuchen ca. 5 Minuten auskühlen lassen. Mit einem langen, scharfen Messer vom Backblech lösen und auf Backpapier stürzen. Backmatte und Vorlage entfernen. Kuchen zurechtschneiden und mit einem zweiten Stück Backpapier bedecken.

5 Mit dem Dekor nach unten locker aufrollen und weitere 15 Minuten auskühlen lassen. Kuchen wieder ausrollen und mit Sirup (siehe Seite 9) bestreichen.

6 Die Creme zubereiten (siehe Seite 10) und gleichmäßig auf der Kuchenplatte verteilen. Mit Kirschkompottt oder frischen, entsteinten Kirschen füllen und erneut aufrollen. Die fertige Rolle für etwa 15 Minuten im Kühlschrank ruhen lassen.

HERZIGE ROLLE

für Herzensangelegenheiten

ZUTATEN

BISKUIT-GRUNDTEIG
- ▶ siehe Seite 7
- ▶ zzgl. 1 Msp. Lebensmittelfarbe in Grün

DEKOR-GRUNDTEIG
- ▶ siehe Seite 8
- ▶ zzgl. 1 Msp. Lebensmittelfarbe in Rot

SIRUP
- ▶ siehe Seite 9
- ▶ zzgl. 2 EL Erdbeerlikör

FÜLLUNG
- ▶ siehe Seite 10
- ▶ zzgl. 2 EL Erdbeermarmelade
- ▶ zzgl. 5 schöne Erdbeeren

VORLAGE HERZEN

1 Den Dekorteig vorbereiten, mit roter Lebensmittelfarbe einfärben und in einen Spritzbeutel füllen (siehe Seite 8).

2 Die Herzchen-Vorlage auf das Backblech und darüber die Silikonmatte legen.

3 Mit dem Dekorteig die Herzchen nachzeichnen und ausfüllen. Backofen auf 180 °C vorheizen, Herzchen 3 Minuten auf der mittleren Schiene backen.

4 Biskuitteig vorbereiten (siehe Seite 7) und in die Eigelb-Zucker-Mischung grüne Lebensmittelfarbe geben.

5 Eischnee zügig unterheben. Achten Sie darauf, dass die Luft dabei nicht herausgeschlagen wird. Mehl und Maisstärke sieben und ebenfalls rasch unterheben.

6 Den grünen Biskuit gleichmäßig auf den Herzen verteilen. Mit der flachen Hand von unten gegen das Blech schlagen, um Luftblasen am Dekor zu vermeiden. Kuchen bei 180 °C ca. 10 Minuten backen.

7 Nach dem Backen Kuchen 5 Minuten auskühlen lassen, auf ein Backpapier stürzen und vorsichtig von der Backmatte ziehen. Ränder mit einem scharfen Messer entfernen.

8 Den Kuchen mit einem zweiten Blatt Backpapier bedecken und mit der Motivseite nach unten einrollen. Während die Rolle weitere 15 Minuten bei Zimmertemperatur abkühlt, Sirup und Füllung zubereiten (siehe Seite 9/10).

9 Kuchen ausrollen und die Innenseite des Kuchens mit Sirup bestreichen. Die Creme gleichmäßig auf der Kuchenplatte verteilen. Mit Früchten belegen und mithilfe des Backpapiers einrollen. Den fertigen Deco Roll Cake im Kühlschrank ca. 10 Minuten ruhen lassen.

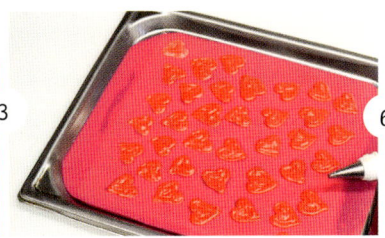

TIERISCH GUT

OH MEIN LIEBER BÄR...

...ich mag dich sehr

● ● ●

ZUTATEN

BISKUIT-GRUNDTEIG

► siehe Seite 7

► zzgl. 1 Msp. Lebensmittelfarbe in Grün

DEKOR-GRUNDTEIG

► siehe Seite 8

► zzgl. 3 g Kakaopulver

► zzgl. 2 Msp. Lebensmittelfarbe in Schwarz

SIRUP

► siehe Seite 9

► zzgl. 2 cl Kakaolikör

FÜLLUNG

► siehe Seite 10

► zzgl. 2 EL Kakaopulver

► zzgl. 4–5 Erdbeeren

► zzgl. Brombeeren

► zzgl. Heidelbeeren

VORLAGE BÄR

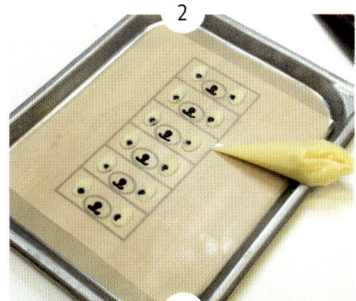

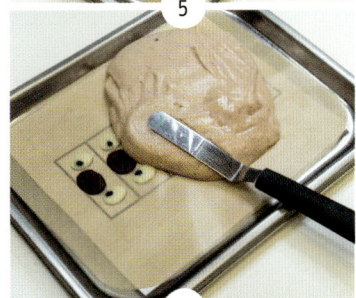

1 Den Dekorteig zubereiten (siehe Seite 8). Zwei EL des Teiges mit 2 Msp. schwarzer Lebensmittelfarbe einfärben, die Hälfte des übrigen Teiges mit 1 EL Kakaopulver braun einfärben, die übrige Masse bleibt hell.

2 Den Backofen auf 180 °C vorheizen. Vorlage auf ein passendes Blech und darüber die Backmatte legen. Zuerst die Pupillen und Nasen in Schwarz, danach die Augen in Hell und zum Schluss die Schnauzen in Braun mit dem Dekorteig nachzeichnen. Um scharfe Konturen und saubere Farbübergänge zu erzielen, das Backblech nach jeder Farbe für 15 Minuten einfrieren.

3 Sind alle Gesichter fertig, kommt das Backblech für 3 Minuten auf der mittleren Schiene in den Ofen.

4 Währenddessen den Biskuit zubereiten (siehe Seite 7). Anstelle der 26 g Mehl hier nur 23 g hinzufügen. Die Masse dann mit 3 g Kakaopulver leicht dunkel einfärben.

5 Den Biskuit vorsichtig auf den Gesichtern verteilen, mit der flachen Hand ein paarmal von unten gegen das Blech klopfen und den Kuchen für 10 Minuten bei 180 °C im Ofen backen.

6 Nach dem Backen den Kuchen für 5 Minuten ruhen lassen, dann mit einem Messer vom Blech lösen und auf ein Stück Backpapier stürzen. Silikonmatte und Vorlage entfernen, Kuchen mit einem scharfen Messer zurechtschneiden und mit einem weiteren Stück Backpapier bedecken.

7 Mit dem Dekor nach unten vorsichtig einrollen und weiter 15 Minuten auskühlen lassen. Den Kuchen wieder ausrollen und den Sirup (siehe Seite 9) auf die Innenseite des Kuchens geben.

8 In der Zwischenzeit die Füllcreme (siehe Seite 10) zubereiten und vorsichtig mit einer Palette auf dem Kuchen verteilen. Mit Erdbeeren, Brombeeren und Heidelbeeren belegen und den Kuchen erneut aufrollen.

9 Den fertigen Deco Role Cake für etwa 15 Minuten im Kühlschrank ruhen lassen.

KUHFLECKEN-KUCHEN
ein tierisches Vergnügen

ZUTATEN

BISKUIT-GRUNDTEIG
► siehe Seite 7

DEKOR-GRUNDTEIG
► siehe Seite 8
► zzgl. 3 EL Kakaopulver

SIRUP
► siehe Seite 9

FÜLLUNG
► siehe Seite 10
► zzgl. 1 Kiwi

VORLAGE KUHFLECKEN

1 Den Dekorteig zubereiten (siehe Seite 8) und mit 3 EL Kakaopulver einfärben. Teig in einen Spritzbeutel füllen.

2 Vorlage auf das Backblech und darauf die Silikonmatte legen. Dann das Kuhfleckenmuster der Vorlage nach aufbringen. Das Muster für 3 Minuten im vorgeheizten Backofen bei 180 °C auf der mittleren Schiene backen.

3 Biskuit zubereiten (siehe Seite 7) und den Teig gleichmäßig auf dem vorgebackenen Muster verteilen. Mit der flachen Hand gegen den Blechboden klopfen, um Luftblasen am Dekor zu vermeiden. Kuchen 10 Minuten bei 180 °C im Backofen backen.

4 Den Kuchen ca. 5 Minuten auskühlen lassen, mit einem Messer vom Rand des Backblechs lösen und auf ein Stück Backpapier stürzen. Backmatte und Vorlagenschablone vorsichtig entfernen. Den lauwarmen Kuchen mit einem scharfen Messer zurechtschneiden und mit einem zweiten Stück Backpapier bedecken.

5 Mit dem Dekor nach unten vorsichtig und langsam einrollen. Weitere 15 Minuten auskühlen lassen. Anschließend den Kuchen wieder ausrollen und den Sirup (siehe Seite 6) auf die Innenseite des Kuchens streichen.

6 Die Creme zubereiten (siehe Seite 10), die Kiwi klein schneiden und das Ganze gleichmäßig auf die Kuchenplatte streichen und mithilfe des Backpapiers einrollen. Die fertige Kuchenrolle ca. 10 Minuten im Kühlschrank ruhen lassen.

2a

2b

4

FRÖHLICHE FLATTERMÄNNER
Schmetterlingsgrüße

BISKUIT-GRUNDTEIG
► siehe Seite 7

DEKOR-GRUNDTEIG
► siehe Seite 8
► je 1 Msp. Lebensmittelfarbe in Rot, Blau, Grün und Schwarz
► zzgl. 1 TL Kakaopulver

SIRUP
► siehe Seite 9
► zzgl. 1–2 TL Rosenblütenwasser

FÜLLUNG
► siehe Seite 10
► zzgl. fein abgeriebene Schale einer Orange
► zzgl. 1 Banane
► zzgl. 1 Kiwi
► zzgl. 2 Erdbeeren

VORLAGE SCHMETTERLINGE

1 Den Dekorteig vorbereiten. Jeweils 1/5 des Teiges mit roter, blauer, grüner und schwarzer Lebensmittelfarbe einfärben. Den Rest mit 1 TL Kakaopulver braun färben.

2 Ofen auf 180 °C vorheizen. Vorlage auf ein geeignetes Backblech und darüber die Backmatte legen. Mit dem Dekorteig zunächst in Braun die Körper, in Schwarz die Fühler und zum Schluss in Grün, Rot und Blau die Flügel der Schmetterlinge

aufzeichnen. Um scharfe Konturen und saubere Farbübergänge zu erzielen, das Backblech nach jeder Farbe für 15 Minuten einfrieren.

3 Die Schmetterlinge für 3 Minuten auf der mittleren Schiene bei 180 °C backen.

4 Biskuit zubereiten (siehe Seite 7) und den Teig gleichmäßig auf dem vorgebackenen Muster verteilen. Mit der flachen Hand gegen den Blechboden klopfen, um Luftblasen am Dekor zu vermeiden. Kuchen 10 Minuten bei 180 °C im Backofen backen.

5 Den Kuchen ca. 5 Minuten auskühlen lassen, mit einem Messer vom Rand des Backblechs lösen und auf ein Stück Backpapier stürzen. Backmatte und Vorlage vorsichtig entfernen. Den lauwarmen Kuchen mit einem scharfen Messer zurechtschneiden und mit einem zweiten Stück Backpapier bedecken.

6 Mit dem Dekor nach unten vorsichtig und langsam einrollen. Weitere 15 Minuten auskühlen lassen. Dann den Kuchen wieder ausrollen und den Sirup auf die Innenseite des Kuchens geben.

7 Die Creme (siehe Seite 10) gleichmäßig auf die Kuchenplatte streichen. Mit kleinen Stückchen Banane, Erdbeeren und Kiwi füllen und erneut aufrollen. Den fertigen Deco Roll Cake im Kühlschrank ein ca. 15 Min ruhen lassen.

2

2

5

7

ALLE MEINE ENTCHEN ...
spazieren auf dem Kuchen!

● ● ●

VORLAGE ENTCHEN

1 Dekorteig zubereiten. (siehe Seite 8). Zwei Drittel des Teigs mit 2 EL gelber Lebensmittelfarbe, den Rest mit je 1 Msp. oranger und schwarzer Lebensmittelfarbe einfärben.

2 Den Ofen auf 180°C vorheizen, die Vorlage auf ein geeignetes Back-blech und darauf die Silikonmatte legen. Mit dem schwarzen Dekorteig die Flügel auftragen. Um saubere, scharfe Konturen zu erzielen, das Backblech für 15 Minuten einfrieren.

3 Danach mit dem gelben Dekorteig die Ente nachzeichnen und in Orange die Schnäbel ergänzen. Die Enten nun für 3 Minuten bei 180°C auf der mittleren Schiene backen.

4 Währenddessen den Biskuit her-stellen (siehe Seite 7). Anstelle der 26 g Mehl nur 20 g Mehl verwenden und den Biskuit mit 6 g Kakaopulver dunkel färben. Den Teig gleichmä-ßig auf dem vorgebackenen Muster verteilen. Mit der flachen Hand gegen den Blechboden klopfen, um Luftblasen zu vermeiden. Kuchen 10 Minuten bei 180 °C im Backofen backen.

5 Den Kuchen ca. 5 Minuten aus-kühlen lassen, mit einem Messer vom Rand des Backblechs lösen und auf ein Stück Backpapier stürzen. Backmatte und Vorlage vorsichtig entfernen. Den lauwarmen Kuchen mit einem scharfen Messer zurecht-schneiden und mit einem zweiten Stück Backpapier bedecken.

6 Mit dem Dekor nach unten vor-sichtig und langsam einrollen. Wei-tere 15 Minuten auskühlen lassen. Dann den Kuchen wieder ausrollen und den Sirup (siehe Seite 9) auf die Innenseite des Kuchens geben.

7 Die Creme (siehe Seite 10) gleich-mäßig auf die Kuchenplatte strei-chen. Mit kleinen Stückchen Mango füllen und erneut aufrollen. Die fertige Kuchenrolle im Kühlschrank ca. 15 Minuten ruhen lassen.

2

3a

3b

5

AUF LEISEN TATZEN...

Katzenpfötchen

2a

2b

4

6

● ● ○

BISKUIT-GRUNDTEIG
▶ siehe Seite 7

DEKOR-GRUNDTEIG
▶ siehe Seite 8
▶ zzgl. 2 EL Kakaopulver

SIRUP
▶ siehe Seite 9
▶ zzgl. Fruchtlikör

FÜLLUNG
▶ siehe Seite 10
▶ zzgl. 2 EL Kakaopulver
▶ zzgl. 1 EL Himbeerkonfitüre
▶ zzgl. 4–5 Erdbeeren
▶ zzgl. Heidelbeeren
▶ zzgl. Brombeeren

VORLAGE TATZEN

1 Dekor-Grundteig (siehe Seite 8) zubereiten und mit 2 EL Kakaopulver dunkel einfärben.

2 Vorlage auf ein Backblech und darüber die Backmatte legen. Mit dem Dekorteig die Tatzen nachzeichnen. Das Muster nun für 3 Minuten bei 180 °C auf der mittleren Schiene im vorgeheizten Backofen backen.

3 In der Zwischenzeit den Biskuit zubereiten (siehe Seite 7) und vorsichtig auf dem vorgebackenen Muster verteilen. Mit der flachen Hand mehrmals gegen den Blechboden klopfen und das Ganze dann 10 Minuten bei 180 °C backen.

4 Den Kuchen ca. 5 Minuten auskühlen lassen, mit einem Messer vom Rand des Backblechs lösen und auf ein Stück Backpapier stürzen. Backmatte und Vorlage vorsichtig

entfernen. Den lauwarmen Kuchen mit einem scharfen Messer zurechtschneiden und mit einem zweiten Stück Backpapier bedecken.

5 Mit dem Dekor nach unten vorsichtig und langsam einrollen. Weitere 15 Minuten auskühlen lassen. Dann den Kuchen wieder ausrollen und den Sirup (siehe Seite 9) auf die Innenseite des Kuchens geben.

6 Die Creme zubereiten (siehe Seite 10), Kakaopulver unterheben und dann gleichmäßig auf die Kuchenplatte streichen. Mit den Beeren füllen und erneut aufrollen. Den fertigen Deco Roll Cake im Kühlschrank etwa 15 Minuten ruhen lassen.

KLUGE EULEN
sorgen für Kuchenglück

MATERIAL

BISKUIT-GRUNDTEIG
- ▶ siehe Seite 7

DEKOR-GRUNDTEIG
- ▶ siehe Seite 8
- ▶ zzgl. 2 EL Kakaopulver
- ▶ zzgl. 1 Msp. Lebensmittelfarbe in Orange

SIRUP
- ▶ siehe Seite 9

FÜLLUNG
- ▶ siehe Seite 10
- ▶ zzgl. 1 Schale Himbeeren, 3 schöne Erdbeeren
- ▶ zzgl. 2 EL Schokoladenlikör

VORLAGE EULEN

1 Dekorteig zubereiten (siehe Seite 8). 1 EL davon mit Lebensmittelfarbe einfärben, 2 EL naturfarben belassen und den Rest des Teiges mit 2 EL Kakaopulver einfärben. Teige in Spritztüten füllen.

2 Eulen-Vorlage auf das Backblech und darüber die Silikonmatte legen. Mit dem neutralen Teig die Augen, danach die Schnäbel in Orange und das Federkleid in Braun aufbringen.

3 Mit dem neutralen Teig die Eulenbäuche ausfüllen und mit Orange die Füße aufspritzen. Um Farbverläufe und Schlieren im Dekor zu verhindern, Backblech nach jeder Farbe ca. 15 Minuten einfrieren. Backofen auf 180 °C vorheizen und die Eulen auf der mittleren Schiene 3 Minuten backen.

4 Biskuitteig zubereiten (siehe Seite 7) und gleichmäßig auf den Eulen verteilen. Mit der flachen Hand von unten gegen das Backblech klopfen, um Luftblasen am Dekor zu vermeiden.

5 Das Ganze 10 Minuten bei 180 °C auf der mittleren Schiene im Ofen backen. 5 Minuten auskühlen lassen, mit einem Messer vom Blech lösen und auf ein Backpapier stürzen.

6 Schablone und Silikonmatte entfernen und den Kuchen mit einem Messer zurechtschneiden.

7 Den Kuchen mit einem zweiten Blatt Backpapier bedecken und mit der Motivseite nach unten einrollen. Während die Rolle weitere 15 Minuten bei Zimmertemperatur abkühlt, Sirup und Füllung (siehe Seite 9/10) zubereiten.

8 Kuchen ausrollen und die Innenseite des Kuchens vorsichtig mit dem Sirup bestreichen. Die Creme auf der Kuchenplatte verteilen, dabei die Ränder frei lassen.

9 Kuchen füllen, erneut aufrollen und 10 Minuten im Kühlschrank ruhen lassen. Danach mit schwarzer Lebensmittelfarbe und einem Pinsel bzw. mit einem schwarzen Lebensmittelfarbstift die Gesichter aufzeichnen.

GRAFISCHE MUSTER

HELLE UND DUNKLE PUNKTE
Gegensätze ziehen sich an

MATERIAL

BISKUIT-GRUNDTEIG
► siehe Seite 7
► zzgl. für die dunkle Rolle mit hellen Punkten: 20 g Mehl, 6 g Kakaopulver

DEKOR-GRUNDTEIG
► siehe Seite 8
► zzgl. für die helle Rolle mit dunklen Punkten: 2 EL Kakao

SIRUP
► siehe Seite 9
► zzgl. 2 EL Orangenlikör

FÜLLUNG
► siehe Seite 10
► zzgl. 1 TL Rosenwasser
► zzgl. für die helle Rolle: 2 EL Kakao
► zzgl. 1 Schale Himbeeren, 3 große Erdbeeren, einige Heidelbeeren, 5 Brombeeren

VORLAGE PUNKTE

1 Dekorteig zubereiten (siehe Seite 8). Für die helle Kuchenvariante den Teig mit 2 EL Kakaopulver einfärben.

2 Vorlage auf das Backblech legen und darauf die Silikonmatte. Ofen auf 180 °C vorheizen und die Punkte für 3 Minuten auf der mittleren Schiene backen.

3 Biskuit zubereiten (siehe Seite 7). Für die dunkle Kuchenrolle 2 EL Kakaopulver zusammen mit Mehl und Stärke unter die Eigelb-Eiweiß-Masse heben. Mit der flachen Hand gegen den Blechboden klopfen, um Luftblasen am Dekor zu vermeiden. Kuchen 10 Minuten bei 180 °C im Ofen backen.

4 Den Kuchen ca. 5 Minuten auskühlen lassen, dann mit einem Messer vom Rand des Backblechs lösen und auf ein Stück Backpapier stürzen. Backmatte und Vorlage entfernen.

5 Den lauwarmen Kuchen mit einem scharfen Messer zurechtschneiden und mit einem zweiten Stück Backpapier bedecken.

6 Mit dem Dekor nach unten vorsichtig und langsam einrollen. Weitere 15 Minuten auskühlen lassen. Dann den Kuchen wieder ausrollen und den Sirup (siehe Seite 9) auf die Innenseite des Kuchens geben.

7 Creme vorbereiten (siehe Seite 10), gleichmäßig auf die Kuchenplatte streichen, dabei die Ränder frei lassen, da sich die Creme beim Einrollen noch etwas verteilt, und mithilfe des Backpapiers einrollen.

8 Die fertige Kuchenrolle im Kühlschrank 10 Minuten ruhen lassen, auspacken und genießen!

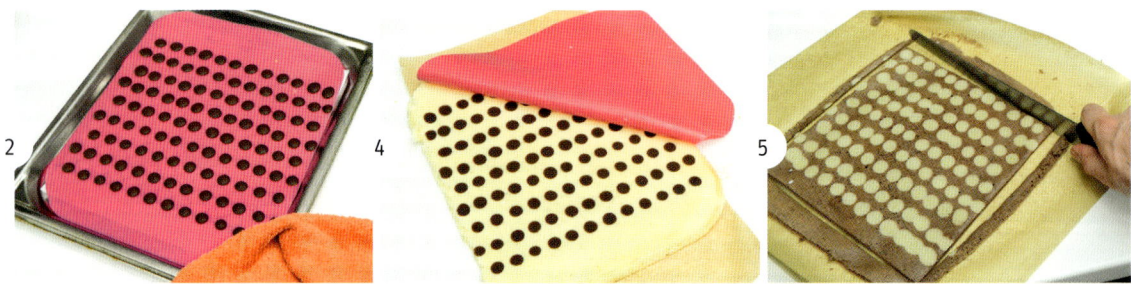

WELLENLINIEN
dezent und raffiniert zugleich

● ● ●

VORLAGE WELLENLINIEN

1 Dekor-Grundteig zubereiten. (siehe Seite 8).

2 Wellenmuster der Vorlage nach mit einem Spritzbeutel aufbringen oder den Dekorteig mit der Fingerpalette auf die Silikonmatte streichen und mit einem Kamm (aus dem Baumarkt) durch den Teig fahren.

3 Backofen auf 180°C vorheizen und die Eulen auf der mittleren Schiene 3 Minuten backen.

4 Für den Biskuitteig (siehe Seite 7) Eigelb mit ein paar Tropfen roter Lebensmittelfarbe einfärben und die rote Eigelbmasse unter das geschlagene Eiweiß heben, dann Mehl und Stärke hinzufügen und die Masse gleichmäßig auf dem Muster verteilen. Von unten gegen das Backblech klopfen, um Luftblasen am Dekor zu vermeiden.

5 Den Kuchen 10 Minuten bei 180 °C auf der mittleren Schiene im Ofen backen. 5 Minuten auskühlen lassen, mit einem Messer vom Blech lösen und auf ein Backpapier stürzen.

6 Schablone und Silikonmatte entfernen und den Kuchen mit einem Messer zurechtschneiden.

7 Den Kuchen mit einem zweiten Blatt Backpapier bedecken und mit der Motivseite nach unten einrollen. Während die Rolle weitere 15 Minuten bei Zimmertemperatur abkühlt, Sirup und Füllung (siehe Seite 9/10) zubereiten.

8 Kuchen ausrollen und die Innenseite des Kuchens mit Sirup bestreichen. Die Creme auf der Kuchenplatte verteilen, dabei die Ränder frei lassen.

9 Kuchen mit Beeren belegen, erneut aufrollen und 15 Minuten im Kühlschrank ruhen lassen.

2

3

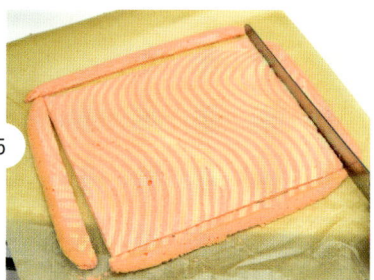

5

POLKA-DOTS

machine gute Laune

VORLAGE POLKA-DOTS

1 Dekorteig (siehe Seite 8) vorbereiten. Die Hälfte des Teigs mit blauer, die andere Hälfte mit roter Lebensmittelfarbe einfärben.

2 Die Vorlage auf das Backblech und darauf die Silikonmatte legen. Ofen auf 180 °C vorheizen. Bunte Punkte auf die Matte auftragen. Die Punkte auf der mittleren Schiene des Ofens 3 Minuten backen.

3 Biskuitteig zubereiten (siehe Seite 7) und gleichmäßig auf den bunten Punkten verteilen. Vor dem Backen mit der Handfläche an den Boden des Backblechs klopfen, um Luftbläschen zu entfernen. Den Kuchen bei 180 °C ca. 10 Minuten backen.

4 Kuchen 5 Minuten auskühlen lassen, dann mit einem Messer vom Rand des Backblechs lösen und auf ein Stück Backpapier stürzen. Backmatte und Vorlagenschablone entfernen.

5 Danach die lauwarme Kuchenplatte mit einem scharfen Messer zurechtschneiden und mit einem zweiten Stück Backpapier bedecken.

6 Mit dem Dekor nach unten vorsichtig einrollen. 15 Minuten auskühlen lassen. Dann den Kuchen wieder ausrollen und den Sirup (siehe Seite 9) auf die Innenseite des Kuchens geben.

7 Die Creme (siehe Seite 10) gleichmäßig auf die Kuchenplatte streichen, dabei die Ränder frei lassen, da sich die Füllung beim Einrollen noch etwas verteilt. Mit Beeren belegen und mithilfe des Backpapiers einrollen.

8 Die fertige Kuchenrolle im Kühlschrank ca. 15 Minuten ruhen lassen, auspacken und genießen.

PUNKT, PUNKT, KOMMA, STRICH ...
fertig ist die Biskuitrolle

ZUTATEN

BISKUIT-GRUNDTEIG
► siehe Seite 7

DEKOR-GRUNDTEIG
► siehe Seite 8
► zzgl. 2 EL Kakaopulver

SIRUP
► siehe Seite 9
► zzgl. 2 cl Rum

FÜLLUNG
► siehe Seite 10
► zzgl. Erdbeermarmelade
  glattgerührt
► zzgl. 1 misslungene Biskuitplatte

1 Dekor-Grundteig vorbereiten (siehe Seite 8). Den Teig mit 2 EL Kakaopulver einfärben. Backofen auf 180 °C vorheizen.

2 Backblech mit Vorlage und Backmatte auslegen. Mithilfe eines Spritzbeutels Linien und Punkte nachzeichnen und das Ganze für 3 Minuten auf der mittleren Schiene des Backofens backen.

3 In der Zwischenzeit den Biskuit zubereiten (siehe Seite 7) und gleichmäßig auf dem vorgebackenen Muster verteilen. Das Ganze für 10 Minuten bei 180 °C backen.

4 Den Kuchen etwa 5 Minuten auskühlen lassen, mit einem Messer aus dem Blech lösen und auf ein Stück Backpapier stürzen. Silikonmatte und Vorlage entfernen. Den lauwarmen Kuchen zurechtschneiden und mit einem zweiten Stück Backpapier bedecken.

5 Mit dem Dekor nach unten die Kuchenplatte vorsichtig aufrollen. Nochmals 15 Minuten auskühlen lassen. Kuchen wieder ausrollen und die Kucheninnenseite mit Sirup (siehe Seite 9) und Marmelade bestreichen.

6 Für die Füllung eine misslungene Biskuitplatte nehmen, mit Marmelade bestreichen und aufrollen. Nun die Füllungsrolle in den Biskuit einrollen, fertig!

4

6a

6b

KUNTERBUNTE KLECKSE
freie Kuchenkunst

● ● ●

ZUTATEN

BISKUIT-GRUNDTEIG
▶ siehe Seite 7

DEKOR-GRUNDTEIG
▶ siehe Seite 8
▶ je 1 Msp. Lebensmittelfarbe in Rot, Grün, Blau, Gelb, Orange und Rosa

SIRUP
▶ siehe Seite 9
▶ zzgl. 2 cl Himbeergeist

FÜLLUNG
▶ siehe Seite 10
▶ zzgl. 2 EL Himbeermarmelade
▶ zzgl. 1 Banane
▶ zzgl. 1 Schale Himbeeren

1 Dekorteig zubereiten (siehe Seite 8). Den Teig in sechs gleiche Portionen aufteilen und jeweils mit 1 Msp. Lebensmittelfarbe bunt einfärben und in Spritzbeutel füllen.

2 Mit den Spritzbeuteln verschiedenfarbige Punkte auf die Backmatte aufspritzen.

3 Mit einem Teelöffel die Punkte ohne Druck zu Klecksen verwischen. Dabei darauf achten, dass der Dekorteig nicht zu dünn wird.

4 Das Muster nun für 3 Minuten bei 180 °C im vorgeheizten Backofen auf der mittleren Schiene backen.

5 Währenddessen den Biskuit herstellen (siehe Seite 7). Den Teig dann gleichmäßig auf dem vorgebackenen Muster verteilen. Mit der flachen Hand gegen den Blechboden klopfen, um Luftblasen zu vermeiden. Kuchen 10 Minuten bei 180 °C im Backofen backen.

6 Den Kuchen ca. 5 Minuten auskühlen lassen, mit einem Messer vom Rand des Backblechs lösen und auf ein Stück Backpapier stürzen. Backmatte und Vorlage vorsichtig entfernen. Den lauwarmen Kuchen zurechtschneiden und mit einem zweiten Stück Backpapier bedecken.

7 Mit den Klecksen nach unten vorsichtig und langsam einrollen. Weitere 15 Minuten auskühlen lassen. Dann den Kuchen wieder ausrollen und den Sirup (siehe Seite 9) auf die Innenseite des Kuchens geben.

8 Die Creme (siehe Seite 10) gleichmäßig auf die Kuchenplatte streichen. Mit Bananenstückchen und Himbeeren füllen und erneut aufrollen. Den fertigen Deco Roll Cake im Kühlschrank ca. 15 Minuten ruhen lassen.

EDLES CHEVRONMUSTER
Schmuck für die Kaffeetafel

ZUTATEN

BISKUIT-GRUNDTEIG
▶ siehe Seite 7

DEKOR-GRUNDTEIG
▶ siehe Seite 8
▶ zzgl. 1 Msp. Lebensmittelfarbe in Rot

SIRUP
▶ siehe Seite 9
▶ zzgl. Himbeergeist

FÜLLUNG
▶ siehe Seite 10
▶ zzgl. Himbeerkonfitüre
▶ zzgl. Himbeeren

1 Dekor-Grundteig vorbereiten (siehe Seite 8) und mit roter Lebensmittelfarbe einfärben. Backofen auf 180°C vorheizen.

2 Ein Backblech mit Vorlagenschablone und Backmatte auslegen. Mithilfe eines Spritzbeutels die Linien mit dem Dekorteig nachzeichnen und das Muster dann für 3 Minuten auf der mittleren Schiene des Ofens bei 180 °C backen.

3 Den Biskuit herstellen (siehe Seite 7), allerdings statt der 26 g Mehl nur 20 g Mehl hinzufügen. Die Masse dann mit 6 g Kakaopulver dunkel färben. Den Biskuit gleichmäßig auf dem vorgebackenen Muster verteilen. Das Ganze bei 180 °C für 10 Minuten im Ofen backen.

4 Nach dem Backen den Kuchen 5 Minuten auskühlen lassen. Die Kuchenplatte mit einem Messer aus dem Blech lösen, auf ein Stück Backpapier stürzen und Backmatte und Vorlage entfernen. Die Kuchenplatte zurechtschneiden und mit einem zweiten Stück Backpapier bedecken.

5 Mit dem Dekor nach unten langsam aufrollen. Nochmals 15 Minuten auskühlen lassen. Den Kuchen wieder ausrollen und mit Sirup (siehe Seite 9) bestreichen.

6 Die Creme zubereiten (siehe Seite 10) und auf der Kuchenplatte verteilen. Diese dann mit Himbeeren belegen und final zum Deco Roll Cake rollen. Die fertige Rolle 15 Minuten im Kühlschrank ruhen lassen.

SCHNÖRKELEI
für besondere Momente

ZUTATEN

BISKUIT-GRUNDTEIG
► siehe Seite 7

DEKOR-GRUNDTEIG
► siehe Seite 8
► zzgl. 2 EL Kakaopulver

SIRUP
► siehe Seite 9
► zzgl. 2 cl Kaffeelikör

FÜLLUNG
► siehe Seite 10
► zzgl. 2 EL Kakaopulver
► zzgl. eine kleine Dose Obstsalat
  oder klein geschnittenes Obst

1 Dekor-Grundteig vorbereiten (siehe Seite 8) und mit 2 EL Kakaopulver einfärben. Den Backofen auf 180°C vorheizen.

2 Das Backblech mit der Vorlagenschablone und einer Backmatte belegen. Den eingefärbten Dekorteig mithilfe eines Spritzbeutels auftragen und für 3 Minuten auf der mittleren Schiene bei 180 °C backen.

3 Den Biskuitteig zubereiten und gleichmäßig auf dem vorgebackenen Muster verteilen. Das Ganze erneut 10 Minuten bei 180 °C backen.

4 Den Kuchen etwa 5 Minuten auskühlen lassen. Dann die Kuchenplatte mit einem Messer aus dem Blech lösen, auf ein Stück Backpapier stürzen und Backmatte und Vorlage entfernen. Die Kuchenplatte zurechtschneiden und mit einem zweiten Stück Backpapier bedecken.

5 Mit dem Dekor nach unten vorsichtig und langsam aufrollen. Nochmals 15 Minuten auskühlen lassen. Den Kuchen wieder ausrollen und mit Sirup (siehe Seite 9) bestreichen.

6 Die Creme zubereiten (siehe Seite 10) und auf der Kuchenplatte verteilen. Diese dann mit Obst belegen und final zum Deco Roll Cake rollen. Die fertige Rolle 15 Minuten im Kühlschrank ruhen lassen.

2a

2b

4

6

YOU'RE
Wonderful

DER AUTOR

VITTORIO „VITO" CAPEZZUTO

Sohn eines italienischen Gastarbeiters, geboren und aufgewachsen in der nördlichen Oberpfalz in Bayern. Nach Abschluss der Gastronomiefachschule Wiesau in Bayern absolvierte ich im „Hyatt Regency Hotel" in Köln die Ausbildung zum Koch. Danach ging es in die Sternegastronomie. Euro-asiatische Küche im Restaurant „Graugans" in Köln, klassische deutsch-französische Küche im „Wald- und Schlosshotel Friedrichsruhe", modernmediterrane Küche im Restaurant „YoSH" in Stuttgart. Seit November 2013 betreibe ich zusammen mit meinem guten Freund und Kollegen Christian Bez in Kirchheim unter Teck das Restaurant „Die Schmiede – Schank- und Speisewirtschaft".

DANKE

Danke Melanie, für die moralische Unterstützung und Motivation.

Danke Christian, für deine Akzeptanz von Chaos und Unordnung während und nach den Fotoshootings.

Danke an meine Familie für euer Verständnis, da ich noch weniger Zeit für euch hatte.

WIR SIND FÜR SIE DA!
Bei Fragen zu unserem umfangreichen Programm oder Anregungen freuen wir uns über Ihren Anruf oder Ihre Post. Loben Sie uns, aber scheuen Sie sich auch nicht, Ihre Kritik mitzuteilen – sie hilft uns, ständig besser zu werden.

Das Produktmanagement erreichen Sie unter:
    pm@frechverlag.de
oder: frechverlag
      Produktmanagement
      Turbinenstraße 7
      70499 Stuttgart
      Telefon 07 11 / 8 30 86 68

LERNEN SIE UNS BESSER KENNEN!
Fragen Sie Ihren Hobbyfach- oder Buchhändler nach unserem kostenlosen Magazin Meine kreative Welt. Darin entdecken Sie dreimal im Jahr die neuesten Kreativtrends und interessantesten Buchneuheiten.

Oder besuchen Sie uns im Internet! Unter www.topp-kreativ.de können Sie sich über unser umfangreiches Buchprogramm informieren, unsere Autoren kennenlernen sowie aktuelle Highlights und neue Kreativtechniken entdecken, kurz – die ganze Welt der Kreativität.

Kreativ immer up to date sind Sie mit unserem monatlichen Newsletter mit den aktuellsten News aus dem frechverlag, Gratis-Anleitungen und attraktiven Gewinnspielen.

IMPRESSUM

REZEPTE UND ARBEITSSCHRITTFOTOS: Vito Capezzuto
FOTOS: frechverlag GmbH, 70499 Stuttgart; lichtpunkt, Michael Ruder, Stuttgart
PRODUKTMANAGEMENT UND LEKTORAT: Angela Vornefeld
LAYOUT: independent Media Design, Horst Moser, München
DRUCK: Drukarnia Dimograf Sp.zo.o./Polen

1. Auflage 2015

© 2015 **frechverlag** GmbH, 70499 Stuttgart

ISBN 978-3-7724-8007-2 • Best.-Nr. 8007